PAQUEBOTS TRANSATLANTIQUES

DES ANTILLES.

NANTES — IMPRIMERIE MERSON

LES

PAQUEBOTS TRANSATLANTIQUES

DES ANTILLES.

FÊTES D'INAUGURATION

Les 12, 13 et 14 avril 1862.

NOTES ET DOCUMENTS

recueillis par

M. Ernest MERSON

RÉDACTEUR EN CHEF DE L'UNION BRETONNE.

PARIS

DENTU, LIBRAIRE-ÉDITEUR, PALAIS-ROYAL

Avril 1862

LA

LIGNE DES ANTILLES

L'établissement des lignes transatlantiques, retardée par l'influence des événements ou par l'erreur de combinaisons imparfaites, est entré enfin dans le domaine des faits accomplis, et, d'ici à peu d'années, notre pays n'aura rien à envier sous ce rapport à la Grande-Bretagne.

Il n'y a pas encore un quart de siècle que l'idée d'appeler la navigation à vapeur au service postal et au transport régulier, tant des voyageurs que des marchandises précieuses, reçut une première application en Angleterre. La *Peninsular Company*, qui fut d'abord chargée d'un service postal hebdomadaire entre Falmouth et Gibraltar, ne remonte pas plus haut que l'année 1837, et ce fut seulement en 1842 que, sous le titre de *Peninsular and oriental Company*, elle déploya son pavillon dans la mer des

Indes. Les premiers paquebots de la Compagnie Cunard n'ont pris la mer qu'en 1839.

En France, les paquebots transatlantiques sont bien plus récents encore; ils datent d'hier.

Ce n'est pas que l'importance de la question ait été méconnue; le succès des lignes anglaises avait eu en France, au contraire, un immense retentissement. Dès le mois de mai 1840, un projet de loi fut présenté aux Chambres et adopté à une immense majorité, pour l'établissement de trois lignes principales entre la France et les Amériques. Malheureusement, ce projet, empreint de préoccupations étrangères aux véritables données économiques, échoua complétement, et, dix-sept ans après, la France ne possédait pas encore un seul paquebot transatlantique.

Il a été donné au gouvernement impérial de doter enfin la France d'un instrument si nécessaire à sa grandeur commerciale, à sa puissance maritime et à son influence politique dans les deux hémisphères. La loi du 17 juin 1857, votée par le Corps législatif, sur le rapport présenté par un député, M. le comte de Chasseloup-Laubat, aujourd'hui ministre de la marine et des colonies, a autorisé le paiement par l'Etat d'une subvention annuelle de 14 millions pour l'exploitation de trois lignes de correspondances, au moyen de paquebots à vapeur, entre la France et : 1° New-York; 2° les Antilles, le Mexique, Aspinwall et Cayenne; 3° le Brésil et Buenos-Ayres.

La ligne du Brésil fut concédée, dès le 16 septembre 1857, à la Compagnie des Messageries impériales, qui devait, moyennant une subvention annuelle de 4 millions

700,000 fr., exécuter vingt-quatre voyages par an, soit deux voyages par mois, avec départ alternatif de Bordeaux et de Marseille. Avant l'expiration du délai de trois ans qui lui était accordé par le cahier des charges, la Compagnie des Messageries impériales fut en mesure d'exécuter un premier voyage de Bordeaux à Rio-Janeiro ; le premier paquebot transatlantique français, la *Guyenne*, quitta le port de Bordeaux le 26 mai 1860. Plus tard l'Etat a consenti la suppression de la deuxième ligne du Brésil et de la Plata partant de Marseille, et, aux termes de la convention du 22 avril 1861, la subvention a été réduite à 2,306,172 fr. Par contre, la Compagnie devint concessionnaire du service postal de l'Indo-Chine, partant de Suez et aboutissant à Saïgon, l'Inde anglaise, la Réunion, Maurice, Manille, Java, Canton et Sanghaï. Une subvention moyenne de 6 millions pendant vingt-quatre ans a été attribuée à ce service et ratifiée par le Corps législatif en vertu de la loi du mois de juin 1861.

Les deux autres lignes transatlantiques, celle du Havre à New-York, avec escale à Brest, et celle de Saint-Nazaire aux Antilles et Aspinwall, avec annexes sur la Guadeloupe, le Mexique et Cayenne, ont été concédées, par décret du 22 juillet 1861, à la Compagnie Générale Maritime représentée par M. Emile Pereire, pour vingt années, à partir des trois années qui suivront la date du décret de concession, et ce, moyennant une subvention annuelle de 9 millions 300,000 francs.

Dans la pensée primitive du gouvernement, la ligne du Mexique n'était qu'une annexe de la ligne principale des Antilles, et l'article 15 du cahier des charges accordait à la Compagnie un délai de six ans pour mettre en activité l'embranchement de la Martinique à Santiago de Cuba, la Vera-Cruz et Tampico. Mais les circonstances politiques ayant fait sentir le besoin immédiat de communications régulières et rapides avec le Mexique, une convention nouvelle est intervenue, le 17 février dernier, entre M. le ministre des finances et la Compagnie Générale Transatlantique (ancienne Compagnie Générale Maritime) ; aux termes de cette convention, la Compagnie s'est obligée à exécuter, à partir du présent mois d'avril, un voyage mensuel, aller et retour, de Saint-Nazaire à la Vera-Cruz, avec escale à la Martinique et à l'île de Cuba ; chaque voyage comprenant 1,881 lieues marines et 2/3 pour l'aller et autant pour le retour, ensemble 3,763 lieues 1/3 par voyage complet, soit 145,160 lieues pour les douze voyages annuels, et à affecter à ce service quatre bâtiments à vapeur, savoir : deux bâtiments de 450 à 500 chevaux, et deux bâtiments de 250 à 300 chevaux, dont la vitesse moyenne en service est fixée à 9 nœuds. A titre de rémunération pour ce service, et jusqu'à la mise en exploitation complète de toutes les lignes concédées, il est alloué à la Compagnie une subvention de 310,000 fr. par voyage complet, aller et retour, de Saint-Nazaire à la Vera-Cruz.

La convention du 17 février 1862 a été réalisée avec une ponctuelle exactitude; car le lundi 14 avril, à une heure de l'après-midi, le magnifique paquebot en fer *la Louisiane* est parti pour le Mexique au milieu des salves du « canon de la paix, » pour nous servir de l'heureuse expression de M. Emile Pereire. Il doit toucher le 30 à Fort-de-France, le 5 mai à Santiago de Cuba, et le

10 à la Vera-Cruz; le retour de cette dernière ville aura lieu le 15 mai, en touchant le 20 à Santiago de Cuba, le 25 à Fort-de-France, pour être rendu le 12 juin à St-Nazaire.

Tel est l'itinéraire de cette première ligne du Mexique en passant aux Antilles.

Ainsi que nous le disons plus haut, deux lignes principales, indépendamment de celle-ci, seront ouvertes d'ici à deux ans ; la première se dirigera toutes les deux semaines du Havre sur New-York, avec escale à Brest, et vice versâ, et donnera lieu ainsi à cinquante-deux traversées d'aller et retour ; la seconde, partant deux fois par mois de Saint-Nazaire pour Aspinwall (isthme de Panama), avec escale à la Martinique et à Sainte-Marthe ou Carthagène, donnera lieu à quarante-huit traversées.

Sur la grande ligne de Saint-Nazaire à Aspinwall et au point d'escale de la Martinique viendront s'embrancher trois services annexes, l'un allant deux fois par mois à la Guadeloupe, l'autre se dirigeant mensuellement vers Santiago de Cuba, la Vera-Cruz et Tampico, le troisième desservant chaque mois la colonie française de Cayenne.

Les deux lignes principales posséderont huit steamers de 850 chevaux pouvant être indistinctement placés sur le parcours des Antilles et sur celui de New-York, et sur cette dernière voie, où la rivalité de deux grands peuples a concentré les moyens de transport les plus rapides, la Compagnie mettra de plus en ligne trois bateaux de 1,000 chevaux.

Ces détails ne paraîtront pas inutiles pour donner une idée des services que doit rendre au commerce cette Compagnie destinée à lutter avec avantage sur l'Atlantique avec les compagnies anglaises ou américaines, qui, jusqu'à ce jour, ont exclusivement régné dans cette mer. Elle doit enfin nous affranchir d'une sujétion qui n'était pas sans inconvénient et qui devenait surtout onéreuse, puisque la France n'ayant aucune relation directe et suivie par paquebots à vapeur avec les points que la Compagnie transatlantique est destinée à desservir, c'était aux services anglais que le commerce et les voyageurs devaient avoir recours; c'est-à-dire qu'il fallait d'abord entreprendre le voyage d'Outre-Manche avant de trouver le port de départ, soit pour traverser l'Atlantique, soit pour le transport accéléré des marchandises. L'on conçoit facilement combien un service direct et national épargnera de peines, de temps et de frais aux voyageurs ainsi qu'au commerce.

On ne peut méconnaître, d'ailleurs, quel développement de puissance et de fortune produit l'établissement de communications régulières à vapeur, pour les pays comme pour les compagnies qui les établissent; quelques exemples suffiront pour le prouver.

Avant l'ouverture des communications régulières à vapeur et au moment où se formait à Londres la première Compagnie transatlantique, en 1837, le commerce anglais ne dépassait pas 3,512,500,000 francs; en 1850, il atteignait déjà 7 milliards et demi de francs, et en 1859, il s'élevait en valeurs officielles à 10 milliards environ. Ainsi, grâce à l'extension des relations internationales secondées par la navigation à vapeur et les voies ferrées, le commerce anglais avait, en moins de seize ans, triplé d'importance.

Les mêmes causes ont produit les mêmes résultats pour le commerce des Etats-Unis : de 1845 à 1859 les importations et exportations américaines ont augmenté de plus de 240 pour cent.

Si nous passons à la France, les résultats produits par l'élargissement des échanges, au moyen des voies ferrées et des services à vapeur, ne sont pas moins considérables. Si Marseille a vu s'accroître sans cesse et d'une manière si remarquable ses transactions avec le Levant, l'Algérie, l'Egypte, etc., on ne peut en attribuer la cause, indépendamment de l'influence des voies ferrées, qu'au stimulant énergique des correspondances régulières des Messageries Impériales, venant périodiquement seconder les combinaisons du commerce.

La ligne du Brésil, qui n'est ouverte que depuis un an à peine, a déjà produit un accroissement marqué des importations du principal produit brésilien en France : au lieu de 14,000 tonneaux de café reçus dans les dix premiers mois de 1860, les importations de cette denrée ont atteint, dans les dix premiers mois de 1861, plus de 25,000 tonneaux, c'est-à-dire près de 80 0/0 d'augmentation.

Pour donner ici une idée de l'influence salutaire qu'exercera la création des nouvelles lignes dont nous nous occupons sur nos transactions commerciales, il suffira de dire que déjà les lignes transatlantiques de Liverpool et de Southampton et les lignes américaines du Havre ont accru le commerce spécial français qui s'adresse aux Etats-Unis, aux Antilles et aux Etats du Pacifique, de manière que la valeur des échanges entre la France et les Etats-Unis qui, en 1850, était de 410,000,000 de francs, s'est élevée, en 1860, à 657,000,000 de francs, et les échanges entre la France et les pays baignés par la mer des Antilles et le Pacifique se sont élevés à 306,000,000 de francs, en 1859, tandis qu'en 1850, ils ne s'élevaient qu'à 172,000,000 de francs.

Si ces résultats se sont produits sous l'influence de communications indirectes et étrangères ou de correspondances françaises encore incomplètes, on peut prévoir à quel développement arrivera notre trafic, lorsque les lignes nouvelles concédées, doublant les lignes britanniques et américaines, effaceront de plus en plus la distance qui nous sépare de nos colonies ou du continent américain, et donneront une activité nouvelle à nos transactions avec les pays d'outre-mer.

Ajoutons à ces observations préliminaires que si Saint-Nazaire, d'ailleurs admirablement situé pour cet office, sert de tête à la ligne des Antilles, on le doit, après la volonté de l'Empereur, à l'influence, au dévouement, à la rare et infatigable habileté de M. Henri Chevreau, conseiller d'Etat, préfet de la Loire-Inférieure.

LES STEAMERS.

Les deux premiers transatlantiques destinés à desservir la ligne du Mexique, sont arrivés à Saint-Nazaire les 13 et 19 mars.

Leur entrée a été une grande fête pour la population du port auquel ils sont attachés.

Le *Journal de Saint-Nazaire* parle dans les termes suivants de l'arrivée du *Cortès,* dont le nom a été changé en celui de la *Louisiane:*

Jeudi dernier, la population entière de Saint-Nazaire se portait sur les estacades pour voir résoudre le dernier problème en faveur des destinées de notre port. Il s'agissait de l'entrée dans le bassin du premier des transatlantiques qui doivent desservir Saint-Nazaire, la Havane et le Mexique.

A une heure, le navire, mouillé en grande rade, se tenait

2.

sous vapeur, et, au signal du mât de pavillon, il levait l'ancre et commençait son mouvement, machine en douceur, pour se présenter à l'ouverture des estacades. Des aussières étaient disposées sur ces dernières pour son hâlage.

Arrivé à vingt brasses de l'estacade nord, le navire mouilla une ancre et étala de suite. Les canots porte-amarres lui envoyèrent aussitôt les bouts d'aussières à bord, et quelques minutes après on voyait l'énorme navire se hâler de lui-même au moyen d'un cabestan mû par la vapeur.

Cette opération, qui aurait dû nécessiter une grande quantité de bras et une grande perte de temps, s'est accomplie avec une rapidité merveilleuse, et, une heure après sa mise en mouvement de la rade, le magnifique navire était au milieu du bassin, se dirigeant vers le quai de la Marine, sans avoir éprouvé la plus légère avarie.

Cette entrée a été dirigée avec beaucoup de prudence et d'habileté par le pilote Christien, qui avait à se faire comprendre, au moyen d'interprètes, il est vrai, par un équipage anglais et espagnol.

Plusieurs sommités de la Compagnie étaient à bord. Parmi ces Messieurs se trouvaient, nous a-t-on dit, M. Forquenot, ingénieur, M. de Vial, représentant de la Compagnie à Saint-Nazaire, et M. Scott, ingénieur anglais.

Le magnifique navire, qui a nom *Cortès* et qui est entré sous pavillon britannique, va être francisé et changera de nom. Ce bâtiment est en fer ; il déplace 3,400 tonneaux, et calait, lors de son entrée, un peu plus de seize pieds anglais ; sa longueur est de 100 mètres. C'est un des plus beaux spécimens de la construction anglaise ; il surpasse, dit-on, en beauté d'aménagement tout ce qui a été fait jusqu'à ce jour.

Quelques jours plus tard, le même journal disait :

Le transatlantique *Cortès* est encombré par une foule d'ouvriers de toute sorte qui complètent son installation, transforment une partie de son gréement, le peignent et lui font une fraîche toilette.

Son nom *Cortès* vient d'être effacé, et on lit maintenant à son arrière : LOUISIANE, ST-NAZAIRE. L'attache de ces magnifiques navires à notre port est un fait significatif.

L'armement de ces steamers est pour notre population un bienfait, et sera une source féconde de travail assuré à la partie si intéressante des ouvriers du port.

L'installation du service des transatlantiques cause en ce moment, à Saint-Nazaire, une sorte de bouleversement qui contraste singulièrement avec le trop grand calme qui y régnait naguère.

La population entière en fait remonter ses remerciements à la puissante Compagnie et à notre souverain Napoléon III.

La *Louisiane* est sortie du bassin et est allée en mer faire des expériences de vitesse.

Après l'arrivée du *Colon*, le journal l'*Union Bretonne*, de Nantes, publiait la notice suivante sur les deux superbes bâtiments :

Les deux paquebots *Cortès* et *Colon*, devenus *Louisiane* et *Floride*, ont été construits en Ecosse. Ils sont arrivés de la Clyde en Loire, le premier en 52 heures, le second en 58. Ces deux bateaux, construits, l'un par M. Caird, de Greenock, l'autre par MM. H. et G. Thompson, de Glascow, développent une force de 500 chevaux, mesurent 85 mètres de tête en tête, 11 mètres 60 de bau et 8 mètres 25 de creux, et offrent, dans ces vastes proportions, l'aspect le plus élégant et les formes les plus dégagées et les plus sveltes. Ils sont d'un type nouveau dit à *spardeck*, type désormais adopté pour la navigation intertropicale et qui présente de grands avantages sur le modèle ancien des navires à roufle et à entre-pont.

Le *spardeck* peut être ainsi défini : un pont supérieur posé sur bastingages régnant de bout en bout, ou bien une dunette prolongée de l'arrière à l'avant et consacrée toute entière au logement des passagers. Il est facile de comprendre quelle ampleur les salons et les cabines acquièrent par une disposition pareille, et combien l'air et la lumière peuvent être aisément et libéralement distribués dans cette partie supérieure du navire. Des hublots placés latéralement de deux mètres en deux mètres éclairent chaque cabine, et, par suite de leur position élevée, peuvent toujours rester ouverts en traversée.

Etablies en petit nombre jusqu'ici sur les steamers anglais, ces cabines à ouvertures extérieures (*outside cabins*) ont été toujours considérées comme des cabines privilégiées, et le voyageur payait, en sus du tarif, 5 liv. st. ou 125 fr. de plus pour s'en assurer la possession.

A bord de la *Louisiane* et de la *Floride*, toutes les cabines, même celles de deuxième classe, sont sous *spardeck* et reçoivent le jour latéralement ; le privilége sera donc pour tous, et aucun excédant ne sera demandé à quiconque pour en jouir.

Dans ce *spardeck* de 85 mètres que nous venons de décrire, sont ménagés les logements de 100 passagers de première classe, de 72 passagers de deuxième classe, et de tout l'état-major du bord. Un grand salon luxueusement décoré, à l'usage des passagers de chambre, occupe la partie arrière. Un salon sur l'avant est destiné aux passagers de deuxième cabine. Il y a, en outre, un boudoir pour les dames, des cabinets de bains, une salle d'armes, etc. On ne peut s'empêcher d'admirer dans l'heureuse combinaison de ces aménagements, et la grandeur de l'ensemble, et le soin et la perfection des détails.

On remarque encore sur le pont des deux steamers, des installations mécaniques nouvelles et ingénieuses, destinées à facititer leurs manœuvres et leurs opérations. Ce sont des engins mus par la vapeur, qui lèvent les ancres, hâlent le navire, chargent et déchargent les marchandises et le charbon, évitant ainsi à l'équipage ces travaux pénibles et lents qui s'accomplissent ailleurs à l'aide des guindeaux et des cabestans.

La *Louisiane* et la *Floride*, tant au point de vue des recherches de leur armement qu'au point de vue de la beauté et de la commodité de leurs aménagements de passagers, nous paraissent réaliser un progrès sur les steamers de même dimension qu'il nous a été donné de voir jusqu'ici. Leur vitesse en traversée semble également devoir se montrer très-supérieure. Ils ont donné 12 nœuds 1/2 lors de leurs essais à Greenock; ils ont accompli leur trajet de la Clyde à Belle-Ile à une vitesse moyenne de 11 nœuds. Tout porte à croire que ces pionniers de la ligne du Mexique dépasseront d'une manière sensible la vitesse minima qui leur est imposée par le cahier des charges, et que les passagers de nos Antilles, de Santiago-de-Cuba et de la Vera-Cruz seront maintes fois rendus à destination avant les délais fixés par l'itinéraire officiel.

Quelques jours plus tard, l'*Union Bretonne* parlait dans les termes suivants des expériences faites en mer par la *Louisiane* :

Ces expériences, sur lesquelles il nous est parvenu des renseignements précis, ont offert le plus grand intérêt et donné les meilleurs résultats. Le navire est parfaitement marin ; quoique très-fin, il tient supérieurement la lame et son avant n'embarque pas. La machine a fonctionné de manière à justifier toutes les espérances, à les dépasser même ; elle est, d'ailleurs, d'une grande simplicité et solidement établie. Quant à la vitesse, on a obtenu jusqu'à 13 nœuds 3/4 ; la moyenne constatée a dépassé 11 nœuds 1/2.

En résumé, la commission officielle d'examen a été très-satisfaite de l'épreuve subie par la *Louisiane*.

Presque aussitôt arrivait à St-Nazaire, un troisième steamer, la *Vera-Cruz*, qui, sous le nom d'*Imperator*, a servi au transport des troupes anglaises pendant la guerre de Chine. Ce vapeur est muni d'une machine moins puissante que la *Louisiane* et la *Floride;* il est à dunette ; mais ses aménagements sont également confortables et somptueux, ainsi qu'ont pu s'en convaincre les nombreux curieux admis à les visiter.

Un quatrième vapeur, qui prend le nom de *Tampico*, est incessamment attendu à St-Nazaire, pour compléter le matériel provisoire de la ligne.

LES FÊTES.

PREMIÈRE JOURNÉE.

Le 12 avril, à sept heures dix minutes du soir, le train des invités de Paris est arrivé à la gare de Nantes, où se trouvaient réunis tous les membres de la Chambre de Commerce, un certain nombre de fonctionnaires et une affluence considérable de curieux.

Les invités ont reçu immédiatement, par les ordres de MM. Péreire, des cartes pour les grands hôtels de la ville.

A huit heures a eu lieu le banquet offert par la Chambre de Commerce aux directeurs de la Compagnie Transatlantique, dans la grande salle de la Bourse.

Une décoration improvisée, figurant des aigles et des palmiers en feu, ornait la façade du monument, du côté de la place du Commerce. L'intérieur avait été décoré avec goût par M. Leglas-Maurice, sous la direction de

M. Bourgerel. La salle, partagée en deux par de magnifiques tapisseries, formait deux salons ornés d'écussons portant les armes de Nantes, les noms des principales stations de la ligne des Antilles et ceux des paquebots transatlantiques. Les bustes de l'Empereur et de l'Impératrice ornaient, entourés de faisceaux d'étendards, l'un la salle du banquet, l'autre le grand salon ménagé pour recevoir les invités.

A huit heures et demie, deux cents personnes ont pris place autour des tables du banquet. Dire qu'une franche cordialité régnait dans cette réunion ne serait qu'exprimer une vérité banale; une joie contenue animait l'assemblée toute entière. De cette solennité industrielle date, en effet, pour la marine du commerce français, une nouvelle ère qui s'ouvre pleine d'espérances de succès et de prospérité.

Le banquet était présidé par M. Henri Chevreau, Conseiller d'Etat, Préfet de la Loire-Inférieure; à sa droite était placé M. Emile Péreire, président du conseil d'administration de la Compagnie Transatlantique; à sa gauche, M. le baron Paul de Richemont, administrateur du chemin de fer d'Orléans.

M. Fruchard, président de la Chambre de Commerce, occupait la vice-présidence; il avait M. Isaac Péreire à sa droite et M. le général de division de La Motterouge à sa gauche.

On remarquait parmi les personnes présentes : M. Ferdinand Favre, Sénateur-Maire de Nantes; M. de Vandal, directeur-général des postes; M. Barbier, directeur-général des ponts-et-chaussées; M. Herbet, directeur au ministère des affaires étrangères; M. Roy, sous-directeur au ministère des finances; M. Ancé, administrateur à la direction générale des Douanes; M. Eugène Péreire, administrateur de la Compagnie Transatlantique; M. V. Cibiel, administrateur de la même Compagnie; M. Didion, président du conseil d'administration de la Compagnie d'Orléans; M. Poitevin, préfet d'Indre-et-Loire; M. Gaudin, conseiller d'Etat, ministre plénipotentiaire; M. le baron de Girardot, secrétaire-général; M. Joseph Périer; M. Fontenilliat, receveur-général; M. le général de brigade Mattat; M. le Commissaire général de la Marine; M. le colonel du génie Raimbaud; M. le colonel du 76e de ligne; M. le Directeur des Douanes; M. Dollfus, administrateur des chemins de fer de l'Est; M. Coindard, secrétaire-général de la Compagnie de l'Ouest; M. Rodrigues, conseil de la Compagnie Transatlantique; MM. Simon, Fleury et Voruz, députés de la Loire-Inférieure; M. Janvier de la Motte, président du Tribunal civil; M. Goullin, président du Tribunal de Commerce; M. le Procureur Impérial; M. Goyetche, directeur de la Compagnie Transatlantique; M. Le Beuf, secrétaire de la Compagnie; tous les Adjoints au Maire de Nantes; M. Jégou, ingénieur en chef du département; MM. Chatoney et Leferme, ingénieurs du bassin de Saint-Nazaire; M. Gauja, ancien préfet de la Loire-Inférieure; M. Braheix, ancien président de la Chambre de Commerce; M. Eugène Flachat, ingénieur en chef du chemin de fer de l'Ouest; M. Rouen, ancien chef du mouvement de la ligne de l'Ouest; M. de Montullé, chef de division au ministère d'Etat; M. de Bourgoin, écuyer de l'Empereur; M. de Saint-Maurice, commandant le port de Nantes; M. de Saint-Albin, attaché aux commandements de l'Impératrice; M. Frémy, de l'Institut; M. Jouvelier, administrateur de la Compagnie des Paquebots fluviaux et maritimes; M. le consul d'Espagne; M. de la Noue, maître des requêtes au conseil d'Etat, M. Hubert de l'Isle; M. Boutillier; M. A. Chérot; plusieurs notables de Saint-Nazaire; enfin, un certain nombre de personnes de distinction dont il nous est impossible de citer tous les noms.

Parmi les journalistes présents se trouvaient: MM. Achille Jubinal, député; Boniface-Demaret, du *Constitutionnel;* Bénard, du *Siècle;* Félix Ribeyre, du *Pays;* Ch. Brainne, de l'*Opinion nationale;* Xavier Raymond, des *Débats;* Gustave Heuzé, de la *Patrie;* Charolais, de la *Presse;* Gustave Héquet et Blanchard, de l'*Illustration;* Durand-Brager, dessinateur du *Monde illustré* et du *Globe illustré;* Nadar, photographe et rédacteur du *Journal amusant* et du *Charivari*; E. Bonneau, du *Journal des Chemins de fer;* Sidney-Renouf; Aug. Lefranc, du journal le *Crédit public;* Mortimer d'Ocagne, Arnould Frémy, Pierre Zaconne, Granier de Cassagnac fils; enfin, M. Ernest Merson, rédacteur en chef de l'*Union Bretonne;* M. V. Mangin, rédacteur en chef du *Phare de la Loire*, et M. de Courmaceul, rédacteur en chef du *Courrier de Nantes*.

Au dessert, M. le conseiller d'Etat préfet se lève et va prendre la parole. Un vif mouvement d'attention se manifeste; tous les assistants se lèvent également et forment un vaste cercle autour de M. Henri Chevreau. Au milieu d'un profond silence, M. le conseiller d'Etat s'exprime en ces termes:

Messieurs,

La ville de Nantes vient de vous arrêter au passage et de vous convier à ce banquet. Elle vous prouve, par cette manifestation, qu'elle ne sépare pas sa prospérité de la prospérité de Saint-Nazaire, que les deux villes sont unies par la double solidarité de la reconnaissance et de l'intérêt. (Très-bien, très-bien.)

Interprète de ses sentiments, chargé par la Chambre de Commerce de présider cette fête, je devrais vous remercier tout d'abord et vous souhaiter la bienvenue ; ne vous étonnez pas si je manque à ce devoir ; un autre le remplira tout-à-l'heure. Pour moi, quand cette grande question des Transatlantiques est enfin résolue, quand nos communes espérances se réalisent, il n'y a dans mon cœur qu'un nom, un nom auguste, le nom de l'Empereur, le seul que je veuille prononcer dans cette enceinte. (Bravo, bravo ; vive l'Empereur !)

On a coutume d'accuser de flatterie ceux qui louent les souverains ; et pourtant comment faire quand le bienfait est éclatant ? Faut-il taire la vérité parce que la vérité peut sembler l'exagération de la louange ? Quel est celui d'entre vous qui ne sait quelles épreuves nous avons traversées ? Que d'inquiétudes semées parmi nous ! Que d'efforts tentés pour nous arracher cette ligne des Antilles dont les écussons brillent au-dessus de nos têtes, sur laquelle nous fondions tant d'espérances ! (Applaudissements prolongés.)

Eh bien, je vous le demande, sans l'Empereur, sans sa volonté persévérante, Saint-Nazaire et Nantes seraient-elles la tête de ligne des Transatlantiques ?

Messieurs, le jour du triomphe arrivé, n'oublions pas celui par qui nous avons triomphé : vive l'Empereur ! (Cris répétés de : vive l'Empereur !)

Pour moi, Messieurs, je ne partageais pas ces inquiétudes ;

j'étais impassible dans ma confiance : j'avais reçu la parole du Souverain, et je la gardais avec respect au fond de mon cœur, non comme une espérance, mais comme une certitude. (Très-bien, très-bien.)

Aussi vous rappelez-vous ce que je vous disais il y a trois ans : Saint-Nazaire sera le Liverpool de la France. Cette comparaison, échappée aux hasards de l'improvisation, m'effrayait un peu moi-même, je vous l'avoue. Aujourd'hui, qui donc la trouverait trop ambitieuse? Messieurs, l'avenir se chargera d'en faire une réalité. (C'est vrai, c'est vrai.)

Déjà le premier bassin est insuffisant ; le second, tracé sur la carte par le doigt même de l'Empereur, doublera, triplera l'importance de la ville naissante. Nantes et Saint-Nazaire, reliées par une ligne de fer et un fleuve approfondi, loin de se nuire, se serviront, se compléteront l'une par l'autre. Les cafés, les sucres, les riches engrais, les cotons mêmes y afflueront de toutes parts; ce sera l'une des grandes portes par lesquelles la jeune Amérique versera sur le vieux monde son trop plein de richesses. Des usines, des manufactures formeront le long du fleuve, entre les deux villes, comme un immense trait-d'union; et de cette cité, qui n'était, il y a dix ans, qu'un obscur village, l'Empereur aura fait l'un des plus magnifiques instruments de travail que le commerce et l'industrie puissent jamais rêver. (Vifs applaudissements.)

Tout-à-l'heure, en me levant à cette place, je m'étais promis de circonscrire ma pensée, de l'enfermer dans les questions locales, de ne pas permettre à la politique de me distraire de mon sujet. Et pourtant une idée me domine : laissez-moi vous la dire avant de me rasseoir. (Mouvement d'attention).

Quand on assiste à ces grandes inaugurations, à ces fêtes du travail et du commerce, n'est-on pas placé dans le vrai, dans le meilleur milieu pour juger ce règne de dix ans?

On pèse les choses accomplies ; on rêve à celles qui sont en germe ; et, devant de tels horizons, du haut de si grands résultats, combien paraissent misérables toutes les récriminations, tous les reproches de détail que les partis accumulent sous les pas du gouvernement, pour embarrasser sa marche ! Etranges critiques, qui recherchent avec passion quelques défauts dans les assises inférieures de l'édifice et dont les yeux se refusent volontairement à en mesurer la grandeur. (Vive sensation ! applaudissements prolongés)

Messieurs, je vous remercie de vos applaudissements. Ils me prouvent que vous ne ressemblez pas aux hommes dont je parle. Vous êtes à la fois plus confiants et plus justes. Vous ne rendez pas le gouvernement responsable de toutes les misères, de toutes les imperfections inhérentes aux sociétés humaines. Vous ne lui demandez que ce qu'il peut donner, et rien au-delà. Quelle que soit sa puissance, vous savez que les événements du monde ne sont pas tous dans sa main ; qu'il lui est parfois impossible de les avancer ou de les contenir, et de les faire toujours concorder à son heure pour la plus grande somme de gloire et de prospérité du pays. Vous reconnaissez l'autorité de certains faits qui s'imposent, qu'aucune prudence humaine ne peut prévoir. Si l'Amérique, en proie à toutes les fureurs de la guerre civile, supprime sa production et manque tout-à-coup à l'équilibre commercial du monde, vous n'en attribuez la responsabilité à personne ; si, dans une grande transformation du système douanier de l'Empire, quelques-uns de vos intérêts sont momentanément lésés, vous en faites fièrement le sacrifice, et, les yeux fixés sur l'avenir, vous attendez avec confiance. (Très-bien ! très-bien !)

Je vois, Messieurs, que ces pensées sont bien les vôtres ; je vous en félicite, et je vous demande à les traduire, en portant avec vous la santé de l'Empereur !

A l'Empereur, qui résume en lui ce qu'il y a de plus touchant et de plus noble dans le cœur de l'homme : un fier sentiment de l'honneur du pays, une tendresse profonde pour le peuple ; la passion de tout ce qui est grand, la plus ardente pitié pour tout ce qui souffre. (C'est vrai ! c'est vrai ! vive approbation.)

Messieurs, je voudrais que l'Empereur fût ici pour vous entendre ; mais puisque nous ne pouvons le payer de ses bienfaits par nos acclamations, qu'il sache du moins qu'un jour son fils ou les fils de son fils, traversant Nantes et Saint-Nazaire, trouveront pour lui dans le cœur de nos descendants, la même reconnaissance que dans les nôtres.

Vive l'Empereur !

Ces dernières paroles sont accueillies par une longue salve d'applaudissements et par des cris répétés de : *Vive l'Empereur !*

L'émotion générale causée par ces éloquentes paroles est à peine calmée lorsque M. Emile Péreire se lève et porte le toast qui suit :

Je bois à la ville de Nantes !

Je la remercie du splendide accueil qu'elle fait à notre Compagnie et à nos invités. Le magnifique avenir que les relations transatlantiques que nous allons inaugurer promettent à Nantes et à tous nos ports de l'Océan, ne doit pas faire oublier les immenses services que la Compagnie d'Orléans, notre hôte aussi, a rendus et rend incessamment à ces contrées. (C'est vrai ! c'est vrai ! Bravo ! bravo !) Chaque jour de nouveaux rameaux viennent se nouer au tronc principal, et, comme de nouvelles rivières, viennent apporter leurs produits dans ce nouveau fleuve, dont le niveau ne s'abaisse jamais, et ne s'élève que pour féconder ses rives. (Très-bien! très bien!)

Ne perdons point de vue, Messieurs, que, si grand, si riche d'avenir que soit le commerce extérieur, il ne peut vivre sans le commerce intérieur, dont il est le complément.

Il y a longtemps que le ministre d'un grand roi disait que « pasturage et labourage sont les mamelles de l'Etat. » On ne peut méconnaître, en effet, qu'en élargissant le cercle d'activité de tous nos centres, les chemins de fer n'aient donné un essor considérable à tous les échanges, c'est-à-dire à la production et à la consommation, et n'aient ainsi puissamment contribué, par le développement du travail, à améliorer tous les revenus, tous les salaires, tout ce qui constitue, en un mot, la richesse sociale. (Marques de vive adhésion.)

Ce sont les lignes exécutées par la Compagnie d'Orléans qui apportent dans vos entrepôts et sur vos navires l'excédant de ces productions si variées, que vous allez à votre tour échanger contre celles des contrées les plus lointaines, qui manquent à notre sol ou qui se produisent ailleurs dans des conditions plus favorables.

La ville de Nantes devra prendre une part de plus en plus grande au nouveau développement de l'activité commerciale et industrielle qui signalera notre époque; c'est le vœu que je forme en buvant à sa prospérité.

A la Ville de Nantes!

Des bravos unanimes accueillent ce toast, auquel M. Fruchard, président de la Chambre de Commerce, répond ainsi :

Messieurs,

Je suis heureux d'être ici l'organe du Commerce de Nantes et de pouvoir remercier en son nom MM. Péreire et vous tous d'avoir bien voulu accepter notre invitation ; de pouvoir aussi remercier la Compagnie d'Orléans, dont naguère nous célébrions la bienvenue dans notre ville, où elle apportait la vie et le mouvement, et qui, aujourd'hui, nous prête encore son puissant concours pour donner plus d'éclat à cette réunion.

La fête à laquelle nous assistons ce soir a pour notre ville une haute signification. Voici plus de vingt ans que la Chambre de Commerce, que la place tout entière appellent de leurs vœux la création d'un service transatlantique entre Saint-Nazaire et l'Amérique.

Nous sera-t-il permis de rappeler que, pendant ce long espace de temps, nos honorables prédécesseurs et nous-mêmes, nous avons fait de cette création l'objet de toutes nos démarches, le but de tous nos efforts ? Peut-être seraient-ils demeurés impuissants s'ils n'avaient été appuyés par l'homme éminent qui préside aujourd'hui à cette réunion, et qui, prenant en mains notre cause, a su en assurer le succès. Oui, c'est pour le commerce de notre place, c'est pour nous tous un devoir de proclamer ici la puissante intervention de M. Henri Chevreau, Conseiller d'Etat, Préfet du département, dans l'attribution définitive qui a été faite à Saint-Nazaire de la ligne transatlantique des Antilles ; il a été dans cette question, comme dans toutes celles où sont en jeu la prospérité et l'avenir de notre ville, le représentant dévoué de nos intérêts, et l'interprète de nos vœux auprès de l'Empereur ; interprète toujours éloquent, ai-je besoin de le dire après les paroles que vous venez d'entendre. (Applaudissements prolongés.)

Messieurs, c'est à 1856 qu'il faut faire remonter la réalisation de nos désirs ; c'est en effet à cette époque, lors des inondations de la Loire, que l'Empereur, arrivant spontanément à Nantes, poussé par une inspiration généreuse, nous donna l'assurance que les lignes transatlantiques ne seraient point concentrées sur un seul point, et que, dans la part distributive qui en serait faite, il affecterait celle des Antilles à la Loire. Dès lors, Messieurs, notre but était atteint, nos démarches cessèrent; forts de la promesse impériale, nous avons attendu avec confiance l'heure où les nécessités gouvernementales en permettraient l'exécution. Cette heure est venue; la promesse de l'Empereur reçoit aujourd'hui une solennelle consécration; qu'il reçoive ici le témoignage de notre humble, mais profonde reconnaissance. (Bravo, bravo.)

Après-demain, Messieurs, nous assisterons, à Saint-Nazaire, au départ du premier paquebot transatlantique du Mexique.

Nantes et Saint-Nazaire vont être enfin reliés par une communication aussi régulière que rapide avec nos colonies des Antilles et avec une partie du continent américain. Ces deux villes, dont les intérêts sont les mêmes, vont grandir ensemble et ressentir l'une et l'autre les bienfaits de cette vaste et noble entreprise. Déjà le premier bassin à flot de Saint-Nazaire est devenu insuffisant; un second va être creusé, qui répondra à l'importance de nos relations maritimes et à la grandeur de l'avenir réservé à Nantes et à son avant-port.

Quelle meilleure et plus sûre garantie de cet avenir pouvions-nous espérer, Messieurs, que celle qui nous est offerte aujourd'hui par la Compagnie Générale Maritime et son précieux concours? Nommer cette Compagnie, nommer ses fondateurs, Messieurs Péreire, n'est-ce pas dire plus éloquemment que ne pourrait le faire un long discours, à quel brillant succès est appelé le service transatlantique que nous inaugurons? Quelque grande et quelque importante que soit cette entreprise, le nom seul des hommes qui sont à sa tête ajoute encore à son importance; grâce à eux, j'en ai l'assurance, nos espérances, si vastes qu'elles soient, seront bientôt dépassées! Cette fête, Messieurs, que nous célébrons ensemble, nous n'avons pas à craindre que l'avenir lui donne un démenti; non. Messieurs Péreire pour chefs et pour guides, à leurs côtés des collaborateurs d'une expérience et d'un talent éprouvés, l'appui du pouvoir, les vœux et les sympathies universelles, tout se réunit pour assurer à la ligne des Antilles et du Mexique un succès qui représentera pour notre pays, pour Nantes, pour St-Nazaire, un intérêt de premier ordre.

Aussi, Messieurs, est-ce avec une confiance entière, à laquelle vous vous associerez tous, que je bois à Messieurs Péreire et au succès de leur grande entreprise. (Bravos prolongés; vifs applaudissements.)

Après M. le Président de la Chambre de Commerce, M. le baron de Richemont, sénateur, l'un des administrateurs de la compagnie d'Orléans, prononce l'allocution suivante :

Messieurs,

Votre noble hospitalité m'offre l'occasion, que je saisis avec empressement, d'exprimer pour la première fois ici, au nom de la Compagnie d'Orléans, notre profonde sympathie pour cette grande et belle cité, pour ce magnifique département. Nous sommes heureux, fiers même, je le proclame hautement, de la communauté d'intérêts, de la solidarité pour ainsi dire, qui nous unit à une population, à une société essentiellement commerciale, qui pourrait prendre à bon droit pour devise le mot : Loyauté ! (Bravo, bravo.)

L'honorable M. Péreire vous a dit, il y a quelques instants, que les nouveaux rameaux de chemins de fer, en se reliant à la grande artère de Paris à Nantes, accroîtraient considérablement les éléments de la prospérité de votre port. (Mouvement d'attention.)

Comme lui, nous sommes pleins de foi dans l'avenir qui vous est réservé. Dans peu de mois, la voie ferrée de Nantes à Lorient, traçant sur le sol de la vieille Armorique le sillon du progrès, entraînera vers de nouvelles et brillantes destinées un peuple d'agriculteurs à qui manque aujourd'hui ce puissant moyen de fécondation, de développement, de richesse. (Très-bien, très-bien.)

La Vendée sera bientôt, elle aussi, appelée à participer à de semblables bienfaits.

Alors, permettez-moi de le dire, votre cité, placée au centre d'une étoile de chemins de fer, en sera comme le cœur; l'activité, la vie qui en jailliront sans cesse, seront renouvelées par l'action énergique, incessante de nombreux affluents.

Je porte un toast à la prospérité de la Bretagne et de la Vendée !

Cette allocution, chaleureusement dite, est couverte d'applaudissements.

Pendant toute la durée du banquet, MM. les membres de la Chambre de Commerce ont surveillé et dirigé le service avec la plus grande bienveillance et la sollicitude la plus infatigable.

L'excellence musique du 76e a, durant la fête, exécuté des morceaux d'harmonie.

On s'est séparé vers minuit.

DEUXIÈME JOURNÉE.

Le train spécial emportant vers Saint-Nazaire les personnes conviées par MM. Péreire à assister au départ de la *Louisiane*, est parti de la gare de la Bourse, le 13 avril à 10 heures du matin. A 11 heures, il arrivait à Saint-Nazaire.

La gare du chemin de fer, les navires ancrés dans le bassin, avaient été pavoisés, ainsi que les maisons de la ville. Les magnifiques Paquebots de la Compagnie transatlantique étaient ornés de tous les pavillons des puissances des deux Mondes.

Les voyageurs sont allés immédiatement visiter le port, la jetée, la rade de Saint-Nazaire, et examiner les travaux projetés ou en cours d'exécution.

En ce moment, la *Louisiane* faisait ses préparatifs pour sortir du bassin et aller en rade afin de prendre la mer le lendemain. C'est le premier paquebot français qui se rende directement d'un port de l'Océan à nos colonies des Antilles et à la Vera-Cruz.

Le banquet offert par MM. Péreire, à cette occasion,

devait avoir lieu à bord du paquebot la *Floride*, amarré dans le bassin. A une heure, 140 personnes ont pris place dans les deux grandes salles magnifiquement aménagées de ce beau navire.

Une des tables était présidée par M. Emile Péreire, et l'autre par M. Dollfus, vice-président du conseil d'administration de la Compagnie.

Au dessert, M. Emile Péreire s'est levé et a prononcé ces paroles :

Je porte la santé de l'Empereur !

Son nom, qui se rattache à toutes les grandes choses de notre époque, si mémorable par les magnifiques découvertes qu'elle a vu se réaliser, est plus particulièrement lié à l'heureux événement qui nous réunit. C'est par sa volonté persévérante que l'entreprise des Paquebots Transatlantiques a été fondée ; c'est par sa volonté et par sa haute initiative, qu'en attendant l'achèvement des bateaux que notre Société fait construire et qui réaliseront les plus grandes vitesses connues, nous ouvrons, deux ans avant l'époque fixée par notre loi de concession, le service que nous inaugurons aujourd'hui ! (Applaudissements).

Messieurs, permettez-moi de le dire ici, c'est une grande satisfaction pour moi, qui ai eu l'insigne bonheur, au début de ma carrière, il y a 30 ans, d'entreprendre la fondation du premier chemin de fer à grande vitesse ayant son point de départ à Paris, pour moi qui ai pu, quinze ans plus tard, faire, sur le même chemin, la première application en France de la télégraphie électrique, c'est une vive satisfaction et une récompense véritable que de pouvoir présider à l'organisation de ces grands services qui effacent les distances entre les deux Mondes et vont de plus en plus approprier à nos besoins, au développement de nos relations commerciales, aux progrès de notre industrie, à nos relations de famille et de plaisir, les découvertes de Christophe Colomb (Applaudissements prolongés).

L'Empereur a compris que c'était une révolution commerciale en même temps que politique, que de mettre nos Antilles et les deux Amériques à quelques jours des rivages de la France et du continent européen. Faisons des vœux, Messieurs, pour qu'en abordant la patrie de Montézuma, notre bateau la *Louisiane* y trouve la paix conquise par nos armes, et que cette conquête, qui vaut mieux que tous les agrandissements territoriaux, contribue à mettre fin aux discordes, aux agitations stériles qui, depuis près d'un demi-siècle, dévorent les richesses et paralysent l'essor des républiques de l'Amérique du Sud. La France pourra dire que, là encore, l'Empereur a bien mérité de la vraie liberté, de la civilisation. (Chaleureuses acclamations).

Je bois à la santé de l'Empereur, de l'Impératrice et du Prince Impérial!

Ces derniers mots ont été accueillis par de chaleureuses acclamations en l'honneur de la famille impériale.

M. de Vandal, conseiller d'Etat, directeur général des postes, a porté ensuite, en ces termes, un toast à M. Emile Péreire :

Messieurs,

J'ai l'honneur de vous proposer la santé du président de la Compagnie Transatlantique, de M. Emile Péreire.

L'époque où nous sommes doit beaucoup à l'initiative de M. Emile Péreire. Pendant les dernières années qui viennent de s'écouler, le monde économique a vu se développer une force plus puissante que celle de la vapeur et de l'électricité : c'est la force de l'association des capitaux. Le Crédit, inconnu aux sociétés antiques, timidement accueilli à sa naissance par les sociétés modernes, est devenu aujourd'hui l'un des éléments de la prospérité des empires. Contenu dans ses témérités par l'autorité des gouvernements, éclairé sur ses illusions par les leçons de l'expérience, il est le créateur de ces grands appareils de richesse et de civilisation que chaque jour voit s'élever. Le signe le plus certain de l'énergie, de la vitalité et de la richesse d'un peuple, c'est l'entreprise et l'accomplissement des travaux publics ; c'est par là que les Romains sont restés grands et que les Etats-Unis ont su le devenir. Or, la condition première de l'accomplissement de ces travaux, c'est l'intervention du Crédit. Le despotisme des Pharaons a construit les Pyramides; la foi du moyen-âge a bâti les cathédrales de Cologne et de Strasbourg; mais, de nos jours, c'est le crédit qui percera l'isthme de Suez. (Sensation, suivie d'applaudissements unanimes et prolongés.)

Les noms de la plupart des grandes entreprises, filles du Crédit, qui étonnent notre génération, seront les titres de noblesse de M. Péreire et ceux de sa famille. Sans doute, certains esprits craintifs, peut-être envieux, se sont alarmés à la vue de prodiges qui s'élevaient parfois sur des ruines ; le Crédit a ses écarts, comme la vapeur a ses explosions, comme la foudre a ses éclats ; mais les hommes courageux et intelligents ont regardé en face la puissance dangereuse et féconde qui se révélait ; ils l'ont asservie pour l'usage commun ; ils ont assoupli la vapeur, discipliné la foudre et fait de la vapeur un cheval de course et de l'étincelle un facteur de la poste aux lettres. (Bravo ! bravo ! très-bien !)

Sous leur souffle énergique, dirigé par un Souverain qui a l'instinct de tout ce qui est grand et fort, les montagnes se sont aplanies, les nations se sont rapprochées, et deux hémisphères vont se donner la main. Cette Compagnie Transatlantique régénérée, renaît de son passé; elle va porter vers la terre de Christophe Colomb et de Fernand Cortez l'influence, le génie et le pavillon de la France; et, vous le savez, Messieurs, le pavillon de la France n'abrite sous ses plis que des idées civilisatrices, que des sentiments généreux, que des germes dont l'avenir recueillera le bienfait. Honorons donc, Messieurs, les porte-étendards de ce glorieux pavillon de la Paix qui a aussi ses conquêtes ; que nos acclamations les consolent de bien des tristesses ; soyons, non pas ingrats comme des contemporains, mais équitables comme la postérité, et portons, affectueusement et cordialement, un toast à celui qui fut le promoteur des entreprises utiles que nous léguerons à nos enfants, à M. Emile Péreire!

Cette chaleureuse allocution a été applaudie avec un véritable enthousiasme.

M. le baron de Lareinty, délégué de la Martinique, a exprimé ensuite ses vœux pour l'avenir des relations transatlantiques. Voici ses paroles:

Messieurs,

En entendant hier et il y a quelques instants les applaudissements qui ont accueilli la parole des orateurs qui appelaient si chaleureusement sous le drapeau du progrès tous ceux qui veulent bien s'y abriter, la pensée et l'action, l'intelligence et le travail, je me disais : Bien loin d'ici, de l'autre côté de l'Atlantique, des cœurs français battent à toutes les gloires, à tous les succès de la mère-patrie. Comme vous, Messieurs, ils auraient applaudi à la pensée si brillamment exprimée par les représentants de nos grandes industries nationales, qui viennent toutes se réunir ici pour montrer au monde entier le développement de l'industrie, qui trop longtemps s'était laissée devancer par une rivale qui n'est plus aujourd'hui qu'une émule.

L'un de ces pays où flotte le drapeau français, et que j'ai l'honneur de représenter devant vous, ne peut pas rester en arrière de notre cité nantaise, qui l'a toujours protégé, et de Saint-Nazaire, qui doit grandir avec lui; il veut se montrer digne du Souverain qui l'a choisi pour être le premier anneau de la chaîne immense qui doit rattacher l'Amérique à la vieille Europe. Le port de Fort-de-France, où de grands travaux s'exécutent, qui abritera bientôt le premier paquebot qui va quitter ces rivages, rendu aussi vaste qu'il est sûr aujourd'hui, témoignera de la volonté de la colonie de la Martinique de suivre la Compagnie Transatlantique dans la voie de progrès qui lui est tracée par elle, et de lier sa fortune à la sienne.

Messieurs, à la Compagnie Transatlantique! A MM. Péreire!

Après ce discours, accueilli avec la sympathie la plus sincère de la part des assistants, M. Fleury, député, a rendu en ces termes un hommage bien dû au premier magistrat de la Loire-Inférieure :

Je vous remercie, Messieurs, des paroles que vous venez de prononcer et des grandes perspectives que vous venez d'ouvrir au commerce et à l'avenir de Saint-Nazaire. Je vous en remercie au nom de cet arrondissement, de cette ville naissante ; car il n'est pas un de nous qui ne sache, aujourd'hui, que plus Saint-Nazaire sera grand, plus il en rejaillira de prospérité sur tout ce qui l'environne. J'accepte avec confiance les promesses de votre vaste entreprise. Du jour où nous avons su que la Compagnie Péreire se chargeait de la réalisation de la grande pensée impériale, nous avons compris que nos espérances ne seraient pas trompées.

Merci donc à vous, MM. Péreire, qui, dans cette circonstance, avez montré toute la grandeur de votre génie industriel et commercial. Vos noms resteront gravés dans nos archives.

Vous ne serez pas jaloux, j'en suis sûr, si je ne veux pas me rasseoir sans remercier, au nom du département tout entier, l'homme éminent qui, depuis déjà tant d'années, s'est attaché à la réalisation de cette vaste entreprise. Nous qui le connaissons et qui savons combien tous nos intérêts lui sont chers, et avec quelle énergie, quelle persévérance il cherche à les faire prévaloir, nous sommes persuadés qu'il y a aujourd'hui au fond de son cœur plus de bonheur que de fierté.

L'avenir, au reste, paiera notre dette de reconnaissance; car le nom de M. Henri Chevreau, qui décore déjà l'un des quais de ce magnifique bassin, sera indissolublement uni aux grandeurs futures de Saint-Nazaire.

Les sentiments exprimés par l'honorable M. Fleury répondaient d'une façon heureuse à la pensée de reconnaissance dont M. le conseiller d'Etat Préfet est l'objet pour la persévérance et le dévouement qu'il a apportés aux intérêts du département dans la question des transatlantiques. Aussi ces paroles ont-elles été couvertes d'acclamations, où se trouvait mêlé le nom auguste auquel M. Henri Chevreau fait remonter le bienfait dont Nantes et Saint-Nazaire viennent d'être dotés.

Ces acclamations duraient encore lorsque M. Emile Péreire s'est de nouveau levé pour remercier la Compagnie d'Orléans, dont le réseau a tant fait pour la prospérité de la province de Bretagne et permis l'établissement à Saint-Nazaire des lignes transatlantiques. »

M. Péreire a dit ensuite que « le développement du crédit, mieux compris et mieux appliqué, n'était possible que sous un gouvernement fort ; mais qu'il ne suffisait pas, pour le succès d'une entreprise, qu'elle eût à sa tête des hommes connaissant les ressources du crédit; que la part des hommes d'exécution restait grande; que sa satisfaction ne serait pas complète s'il n'adressait de justes félicitations, pour les services qu'ils ont rendus, à M. Goyetche, directeur de la Compagnie Transatlantique, à M. Forquenot, ingénieur en chef, et à M. Le Beuf (1), secrétaire général, auquel il est heureux de rendre ce témoignage au milieu de ses compatriotes. »

M. le baron de Richemont, sénateur, a répondu, au nom de la Compagnie d'Orléans :

Messieurs,

Je suis profondément touché des paroles chaleureuses que vient de prononcer M. Péreire; je l'en remercie du fond du

(1) M. Le Beuf est auteur d'un ouvrage remarquable sur le commerce de Nantes. Il a été secrétaire de la Chambre de commerce de cette ville, dans laquelle il a laissé les meilleurs souvenirs.

cœur. Je suis heureux de lui dire, au nom de la Compagnie d'Orléans, que nous partageons sa vive et bien légitime sollicitude pour le succès de la grande entreprise dont nous fêtons aujourd'hui l'inauguration.

Ce n'est pas, Messieurs, une pensée stérile que je formule dans une phrase poliment banale. Non! la Compagnie d'Orléans est sérieusement intéressée à la réussite de la belle ligne de ces magnifiques Paquebots.

Je n'hésite pas à dire que la Société dont je suis l'organe comprend libéralement sa grande mission, et que son concours ne fait jamais défaut à qui s'associe loyalement à son œuvre. (C'est vrai! Très-bien!)

Pour mieux me faire comprendre, permettez-moi d'emprunter une image qui exprimera la cordialité des sentiments qui nous animent.

La Compagnie d'Orléans, c'est la sœur aînée; elle donne la main à sa sœur cadette, la Compagnie générale des Transatlantiques; elle l'aidera à marcher vers un succès qui, du reste, ne saurait manquer à une entreprise fondée sur des besoins réels, devant qui s'ouvrent d'immenses et nouveaux horizons, et qui est dirigée par des hommes dont chacun connaît le mérite.

A ces paroles sympathiques des applaudissements unanimes ont répondu.

A la table présidée par M. Dollfus étaient assis une quarantaine de convives, parmi lesquels on remarquait la plupart des représentants de la presse parisienne et les rédacteurs en chef de l'*Union Bretonne* et du *Phare de la Loire.*

Au dessert, les journalistes de Paris ont témoigné le désir qu'un toast fût porté, au nom de la presse, à la Compagnie Transatlantique, et ils ont fait à M. Ernest Merson l'honneur de le choisir pour interprète.

Le rédacteur en chef de l'*Union Bretonne*, pour répondre à ce témoignage d'affectueuse confiance, a improvisé l'allocution suivante :

Messieurs,

Mes honorables confrères de Paris désirent que je porte, en leur nom, un toast à la Compagnie Transatlantique et à MM. Péreire, ses directeurs.

Quelqu'insuffisance que je reconnaisse à ma parole, je ne veux pas me soustraire à cette tâche, et je la remplis d'autant plus volontiers qu'elle m'est une occasion de manifester publiquement mes sympathies pour une grande entreprise qui doit enrichir à la fois Nantes et Saint-Nazaire.

Ça été un tort, un tort grave de croire que Saint-Nazaire ne pouvait grandir qu'aux dépens de Nantes. Ce tort a engendré des jalousies et des rivalités, que le temps a déjà en partie effacées, et qu'un avenir prochain fera, j'en suis sûr, absolument disparaître.

Les deux villes se complètent l'une par l'autre; leurs intérêts sont connexes et solidaires. Par Saint-Nazaire, Nantes deviendra l'une des grandes places commerciales de l'Europe; par Nantes, St-Nazaire sera bientôt le port le plus important de l'Océan français.

C'est en vain que l'on nierait cette vérité; c'est en vain

que l'on contesterait les résultats assurés de cette association de forces, d'où une prospérité inouïe doit infailliblement naître pour les deux cités sœurs.

Cette prospérité, Messieurs, nous l'inaugurons aujourd'hui; je veux dire qu'elle sera puissamment aidée dans son épanouissement par la ligne de magnifiques steamers dont la bienveillance de l'Empereur nous a dotés. Aussi vous unirez-vous tous à moi, j'en ai l'assurance, pour saluer l'aurore des destinées nouvelles qui s'ouvrent à Nantes et à Saint-Nazaire, et pour souhaiter une cordiale bienvenue à la Compagnie Transatlantique des Antilles.

A la Compagnie Transatlantique! à MM. Péreire!

M. Dollfus a répondu à ce toast par de bonnes, chaudes et loyales paroles de gratitude, qui ont été chaleureusement et unanimement applaudies.

TROISIÈME JOURNÉE.

La ville de Saint-Nazaire est demeurée pavoisée comme la veille. Sa population s'est grossie d'un grand nombre de Nantais qui, malgré un froid piquant et dur, ont voulu assister au départ de la *Louisiane.*

Vers une heure, la salle du banquet offert à MM. Péreire par les notables de la jeune cité, s'est ouverte pour les invités. Cette salle, improvisée dans un des bâtiments de la gare maritime, avait été disposée et décorée avec infiniment de soin et de goût; belle et jolie à la fois, elle méritait, dans son aspect général aussi bien que dans ses moindres détails, les éloges les plus complets. Nous avons entendu des journalistes habitués aux inaugurations de toute sorte déclarer n'avoir jamais rien vu de plus parfaitement réussi.

Ajoutons que les commissaires du banquet, très-bien entendu et splendidement servi, en ont fait les honneurs de la façon la plus courtoise et la plus hospitalière.

4.

Au dessert, M. Auguste Chérot s'est levé et a porté le toast suivant :

Messieurs,

Après les voix si autorisées que vous venez d'entendre à Nantes et à Saint-Nazaire, ce serait une ambition peu modeste que de prendre la parole pour vous entretenir des grands intérêts qui nous réunissent, quelque palpitantes que ces questions soient pour nous, enfants du pays.

Cette ambition, je ne l'ai pas ; je serais d'ailleurs sans droit ni qualité pour le faire.

Mais c'était notre devoir, — c'est plus qu'un devoir, c'est le sentiment de nos cœurs, de ne pas nous séparer sans qu'une voix d'entre nous ne vous remercie — et avec effusion — de tant de bonnes paroles pour Saint-Nazaire et de la gracieuseté que vous avez bien voulu mettre à accepter notre modeste hospitalité.

Nous avons tâché à ce que la cordialité de l'accueil suppléât à l'insuffisance de notre ville naissante ; puissions-nous avoir réussi et pussiez-vous en emporter un souvenir qui vous ramène un jour !

Un jour peu éloigné, peut-être, Messieurs !

Il y a quatre ans, lorsque nous fêtions l'inauguration du chemin de fer, je disais, en parlant de la situation si exceptionnelle et si favorisée de Saint-Nazaire, de l'ouverture du premier Bassin, de l'arrivée simultanée dans nos murs du chemin de fer et de la télégraphie électrique : « Tous ces éléments d'activité, de facilités, d'économies commerciales, créent à Saint-Nazaire, d'un premier et seul jet pour ainsi dire, une des plus magnifiques situations maritimes et des plus fécondes pour les intérêts généraux du pays, pour l'accroissement de la prospérité commerciale de notre France. Aussi la concession d'un Entrepôt de douanes, la construction d'un deuxième Bassin, l'attribution d'une des plus importantes Lignes Transatlantiques, la Ligne des Antilles, viennent-elles témoigner toute la haute sollicitude dont l'Empereur entoure Saint-Nazaire, devançant, en quelque sorte, la naissance de la cité nouvelle, cité qui doit s'élever dans des conditions dignes de cette large initiative de l'Etat, digne de l'époque de progrès où nous vivons, et réaliser le type d'un port de commerce comme il est permis de le comprendre en 1857. »

Eh bien, messieurs, nous fêtons aujourd'hui la deuxième de ces grandes inaugurations.

Dans quelques années, avec l'appui de l'intérêt que vous témoignez à St-Nazaire, avec celui de vos bonnes volontés et de vos influences, forts de l'intelligence et de l'activité de nos habiles ingénieurs, nous pourrons vous convier à la fête d'une nouvelle inauguration, à celle du magnifique bassin dont l'Empereur a récemment doté Saint-Nazaire, et qui sera le plus magnifique du monde entier, sans doute.

Ce rendez-vous, acceptez-le, Messieurs, et vous y trouverez autant de gratitude, autant de chaleur dans notre accueil.

Aujourd'hui, qu'il me soit permis, au nom des souscripteurs de ce banquet, au nom des habitants de St-Nazaire, de confondre dans un même toast toutes nos reconnaissances.

A MM. Emile et Isaac Péreire, à la Compagnie Générale Transatlantique, qui vient associer son brillant avenir à l'avenir de Saint-Nazaire.

A la Compagnie d'Orléans, qui la première est venue féconder notre terre de Saint-Nazaire.

A la Chambre de Commerce de Nantes, Chambre de Commerce de Saint-Nazaire aussi, qui nous unit et nous confond dans tous ses travaux et toutes ses sollicitudes pour le développement du commerce de notre belle Loire, et dont l'honorable président le disait à tous les convives réunis par elle dans une splendide hospitalité : « Saint-Nazaire par Nantes et Nantes par Saint-Nazaire. »

Enfin, Messieurs, j'ai à payer, au nom de Saint-Nazaire, une véritable dette de cœur ; et tous, j'en suis assuré, vous vous associerez au sentiment dont je suis l'organe.

Au président de notre banquet, à l'administrateur éminent qui s'est dévoué à toutes les grandes questions de Saint-Nazaire avec une hauteur d'intelligence, une persévérance de volonté qui devaient en assurer le succès. Sa première récompense il l'a rencontrée dans ces succès mêmes auxquels son nom est désormais attaché.

Qu'il y joigne celle de notre cordiale reconnaissance !

A Monsieur Henri Chevreau !

Une salve d'applaudissements accueille ce toast, auquel l'assistance toute entière s'associe chaleureusement.

M. Emile Péreire s'exprime en ces termes :

Je bois à la ville de Saint-Nazaire !

Avant-hier nous étions réunis pour la même solennité commerciale à la Bourse de Nantes, dans la maison du travail, du crédit.

Hier nous étions sur une de ces maisons flottantes qui, guidées par une colonne de feu, vont porter sur les rivages les plus lointains les nouvelles caravanes de l'industrie, de la civilisation.

Aujourd'hui nous sommes dans la maison du chemin de fer qui va si puissamment contribuer au développement de cette ville de Saint-Nazaire, née d'hier et déjà grande par son activité, par sa situation. Les trois banquets, dans ces trois lieux, ont une signification : c'est le symbole de la société moderne, c'est la manifestation de sa puissance, c'est l'espérance de son avenir. En effet, le travail, le crédit, fécondés par l'application de la vapeur à la locomotion maritime et terrestre, sont les bases sur lesquelles se trouvent aujourd'hui fondées la prospérité, la puissance des sociétés.

Lorsque nous tous, chefs d'industrie, négociants, administrateurs de chemins de fer, représentants de la presse parisienne et départementale, nous étions réunis à bord de la *Floride* avec ces magistrats, ces militaires et ces marins que nous avons été si heureux d'y rencontrer, et que nous entendions tonner le canon de la paix, notre esprit se reportait aux contrées que nos transatlantiques vont desservir ; il nous semblait entendre retentir ces canons du *Merrimac* et du *Monitor*, qui sont venus frapper de stupéfaction ces anciennes marines naguère les souveraines de l'Océan, et qui se croyaient si puissantes, si invulnérables ; avertissement significatif et dont il semble que le véritable sens soit qu'il n'y a désormais de puissance durable que celle qui s'appuie sur les progrès de l'industrie et, en définitive, sur la richesse, dont la source unique réside dans le crédit et le travail, ces deux grands agents de la paix.

Ceci nous ramène à des aperçus plus calmes. En voyant le fruit de tant de milliards dépensés pour les anciennes flottes militaires, menacé d'anéantissement par un simple perfectionnement du génie civil, perfectionnement que la France s'était approprié depuis longtemps par la construction de ses frégates cuirassées, on ne saurait trop appeler l'attention de ceux qui président à la politique des nations sur l'emploi bien autrement utile de ces immenses capitaux à la généralisation et au perfectionnement de ces instruments de civilisation et de progrès, dont nous avons sous les yeux deux spécimens qui se complètent si admirablement : le chemin de fer et les bateaux à vapeur.

Je bois à la prospérité de la ville de Saint-Nazaire !

Ce toast, plusieurs fois interrompu par les bravos, est salué par une salve de chaleureux applaudissements, et M. Péreire est vivement félicité et remercié.

M. le Sénateur Maire de Nantes prononce alors les paroles suivantes :

Messieurs,

Dans ma profonde émotion, n'attendez pas de moi un discours : qu'il me soit seulement permis de remercier avec une vive et sincère effusion les honorables habitants de Saint-Nazaire, d'avoir bien voulu, par l'emblême très-expressif que vous avez sous les yeux, relier Nantes à Saint-Nazaire. Le maire de Nantes saisit cette occasion de vous tendre la main et de porter ce toast collectif et tout municipal :

A M. Pereire, à la Compagnie des Paquebots Transatlantiques, aux habitants de Saint-Nazaire !

N'oublions jamais, Messieurs, que, dans l'immense carrière qui va s'ouvrir aux intérêts publics, à l'industrie, nous sommes solidaires de tout le bien qui doit en résulter, et ne cessons jamais d'être unis.

Tous les convives applaudissent, et M. Péreire, après avoir serré avec effusion la main du vénérable Sénateur Maire, se lève et l'embrasse.

M. Fruchard, président de la Chambre de Commerce et vice-président du banquet, porte à la Compagnie d'Orléans un toast dont nous éprouvons le regret de ne pouvoir reproduire le texte, la communication ne nous en ayant pas été faite.

M. le baron de Richemont, sénateur, administrateur du chemin de fer, répond :

Messieurs,

Je ne comptais plus prendre la parole ; mais, en présence de la gracieuse provocation qui vient d'être adressée à la compagnie d'Orléans, en présence des choses si justes, si bien senties qui viennent d'être dites du premier de ses fonctionnaires, de cet homme éminent et modeste, de cet homme qu'aiment tous ceux qui le connaissent, de mon ami M. Didion, je ne puis garder le silence ; je laisserai parler mon cœur; je suis sûr que son langage sera bien compris de tous ceux qui m'écoutent.

Messieurs, l'enfant bien-aimé de la maison, le Benjamin, c'est le plus jeune, celui dont la faiblesse a le plus besoin d'être entourée d'une incessante sollicitude. Saint-Nazaire me permettra cette comparaison que me suggère sa jeunesse et notre sympathie. Née d'hier mais pleine de sève, votre jeune cité n'a-t-elle pas le droit de demander à la compagnie d'Orléans de lui donner un appui quasi-maternel? Cet appui, Saint-Nazaire l'en récompensera largement au jour de sa splendeur.

La compagnie d'Orléans l'a bien compris; elle sait qu'elle peut, dans une certaine mesure, favoriser l'épanouissement de votre force, de votre vie; mais celui qui tient dans ses mains le sort de votre ville, celui de qui dépend seul la réalisation prochaine de vos grandes destinées, c'est le gouvernement. Il connaît vos besoins, il vous a beaucoup promis, et ses promesses commencent déjà à recevoir leur exécution. Pendant qu'il fera creuser le second bassin, pendant qu'il complétera votre grande organisation maritime par la création de tous les grands établissements accessoires dont vous regrettez chaque jour d'être encore privés, une administration locale vraiment prévoyante saura, nous n'en doutons pas, utiliser, en vue de l'avenir, la puissance des forces collectives et dirigera dans un même esprit les efforts individuels.

Nous vivons, Messieurs, sous un prince ami du progrès rapide. Saint-Nazaire peut devenir l'une des merveilles de ce règne merveilleux. Espérez donc; mais que votre espérance ne reste pas inactive : aidez-vous, habitants de Saint-Nazaire, et l'Empereur vous aidera !

Je bois à la grandeur prochaine du port de Saint-Nazaire !

Des applaudissements prolongés succèdent à ces paroles dites d'une voix vibrante et partant d'un cœur convaincu.

M. Dupuy, juge-de-paix de Saint-Nazaire, porte un toast ainsi conçu :

Je ne devrais pas prendre la parole après ces discours si bien sentis et si éloquemment exprimés que vous venez d'entendre, si je n'espérais quelque indulgence en faveur du toast que je vais porter.

Je propose un toast à M. Anselme Fleury, député, qui, depuis 1852, représente si dignement notre arrondissement. Ses efforts persévérants ont grandement contribué au développement de notre cité; ils nous faciliteront pour l avenir la réalisation des nouvelles destinées qu'on veut bien nous prédire.

A M. Anselme Fleury! Il peut compter sur toutes les sympathies de notre population reconnaissante.

De toutes parts des bravos éclatent.

M. Anselme Fleury répond par l'improvisation qui suit :

Messieurs,

Je n'étais certainement pas préparé à prendre aujourd'hui la parole; mais je ne puis rester muet après le toast qui vient de m'être porté.

Vous vous êtes adressé au député. Eh bien, le député va vous répondre.

Oui, Messieurs, je puis le dire, depuis dix ans que j'ai l'honneur de représenter cet arrondissement, je crois avoir franchement, loyalement, religieusement rempli le mandat que vous m'avez confié ; et je le remplirai jusqu'au bout , soyez-en bien certains. Mais je dois aussi vous l'avouer, si vous veniez à me demander plus que je fais, plus que je n'ai fait, oh! alors je me verrais obligé de décliner l'honneur de vous représenter plus longtemps; car, ainsi que je viens d'avoir l'honneur de vous le dire, je crois avoir accompli dignement les devoirs que je m'étais imposés.

Je vous remercie du fond du cœur. L'émotion me domine; je ne puis vous en dire davantage.

M. Péreire se lève vivement, et, s'adressant à l'honorable M. Fleury, il lui jette ces paroles rapides :

Ce que vous dites est la vérité, Monsieur le député. Je vous ai vu à l'œuvre dans la Commission des Transatlantiques. Je sais combien vous avez chaudement défendu les intérêts de Saint-Nazaire.

M. Anselme Fleury ajoute à son tour, s'adressant à l'honorable M. Péreire :

Moi aussi j'ai gardé bon souvenir de votre présence au sein de la commission législative des Paquebots Transatlantiques, alors que vous étiez appelé à y donner des explications sur cette grande affaire. Et, je le dis hautement ici, c'est grâce à la franchise, à la loyauté que vous avez montrées dans ces explications, que la Commission a été unanime pour le projet de loi.

Alors M. le Conseiller d'Etat se lève, et un vif mouvement d'attention se manifeste dans l'auditoire. Voici les paroles prononcées par l'éminent magistrat :

Messieurs,

Vous venez d'entendre d'excellentes paroles. Je ne veux pas vous retenir plus longtemps ; mais personne ne s'étonnera que je me lève pour vous remercier.

Avant-hier, le président de la Chambre de Commerce de Nantes, avec l'autorité de sa valeur personnelle, de ses services, du corps au nom duquel il parlait, m'a comblé pour ainsi dire de ses éloges.

Hier, le député de votre arrondissement, M. Anselme Fleury, trouvait pour moi les formules les plus touchantes.

Aujourd'hui, un représentant de Saint-Nazaire vient de vous parler de ce qu'il a bien voulu appeler mes éminents services. (Vive adhésion.)

Je voudrais vous dire, Messieurs, combien je suis ému de ces manifestations multipliées ; je cherche en vain une expression ; mais puisqu'elle ne me vient pas, laissez-moi me rappeler les paroles mêmes de votre député, et vous dire que j'éprouve encore plus de bonheur que de fierté. Aucunes ne traduiraient plus fidèlement ma pensée.

Fier ! et pourquoi ? En défendant vos intérêts, en les faisant prévaloir, je n'ai rempli que mon devoir, mon devoir le plus étroit. Si j'y avais manqué, je ne serais digne ni de la confiance du gouvernement, ni de votre estime.

Heureux, au contraire ! ah ! vous avez tous raison. Oui, j'éprouve une joie profonde en songeant aux grandes destinées que je n'ai cessé de prédire à cette ville naissante, et que nous voyons enfin se réaliser. (Bravo, bravo.)

M. de Richemont, le représentant de la Compagnie d'Orléans, vient de vous le dire : Le gouvernement a beaucoup fait pour vous ; oui, Messieurs, il vous a tout donné ; et pourtant il vous manquait quelque chose ; que vous manque-t-il aujourd'hui ?

Deux hommes habiles et hardis, deux frères qui partagent leurs travaux et leur gloire, deux bons citoyens qui ont compris à son aurore la puissance de l'Empire ; qui, dans la transformation de Paris, cette future capitale du monde, ont été les traducteurs persévérants des hautes pensées du souverain ; MM. Péreire vous apportent bien plus que leurs capitaux : l'autorité de leur exemple. C'est à vous maintenant d'assurer votre destinée ; rappelez-vous qu'il faut savoir être digne de son gouvernement et de son temps. (Applaudissements réitérés.)

Messieurs, avant-hier, nous avons commencé ces fêtes par le cri de : Vive l'Empereur ! Personne aujourd'hui ne voudrait les finir sans le répéter avec moi. (Non, non ! Vive l'Empereur ! vive l'Empereur !)

Vous acclamez l'Empereur ; oui, vous avez raison de l'aimer. Avec lui vous serez tout ; sans lui vous ne seriez rien. (C'est vrai, c'est vrai. Vive l'Empereur !)

Et pourtant vous ne l'aimez pas seulement comme habitants de Saint-Nazaire, mais bien surtout comme citoyens de l'Empire. (Oui, oui.)

Je ne veux pas faire de politique ici ; si j'en avais le goût, quel tableau je pourrais vous tracer ! Je vous montrerais la société française, si troublée naguère, raffermie et reconstituée ; sur toute la surface du territoire un immense développement de travaux publics : lignes de fer, routes vicinales, ponts, canaux, ports agrandis ou créés ; et, puisque je vois en face de moi un illustre général qui a versé son sang sur les champs de bataille de Crimée et d'Italie, quoique nous soyons ici sous la tente du commerce et du travail, à côté des merveilles de la paix, n'oublions pas les merveilles de la guerre ; notre armée, ce symbole de la vraie égalité parmi nous, remise en possession de son vieux prestige ; notre gloire nationale, patrimoine de la nation toute entière, rajeunie et reconquise. (Explosion d'applaudissements.)

Vous m'applaudissez, Messieurs, et pourtant ces idées sont bien vieilles ; elles n'ont qu'un mérite : celui d'être vraies. Mais vous comprenez comme moi que si certains partis s'obstinent à tout nier, il nous est bien permis de tout rappeler, et que, lieux communs pour lieux communs, à ceux du mensonge et de la calomnie nous avons le droit d'opposer ceux de la justice et de la vérité. (Bravos prolongés.)

Au créateur de Saint-Nazaire! à l'Empereur Napoléon III!

Un immense cri de *Vive l'Empereur* salue ces dernières paroles, applaudies à plusieurs reprises par les convives.

L'émotion causée par ce discours était à peine calmée, quand M. Achille Jubinal, député au Corps législatif et l'un des représentants de la presse, a demandé la parole à M. le président; l'ayant obtenue il s'est exprimé à peu près en ces termes :

Messieurs,

En demandant la parole dans cette enceinte, je n'ai nullement l'intention de vous faire un discours; je veux seulement vous adresser quelques paroles de remerciement, au nom de ceux des assistants qui, n'étant ni de Nantes, ni de Saint-Nazaire, sont purement et simplement vos invités.

Pour mon compte, je suis au milieu de vous à un double titre. J'y suis d'abord comme député, pour m'être associé officiellement, et même comme simple particulier, à la prospérité de Saint-Nazaire. Comme député, j'ai voté avec mes collègues, et de grand cœur, tout ce qui nous a été demandé pour votre second bassin et vos grands travaux; mais je ne connaissais pas votre ville. Maintenant que je la connais, que j'ai vu votre admirable emplacement, vos splendides amorces, non-seulement je voterai ce qu'on nous demandera désormais pour vous ; mais encore j'engagerai tous mes collègues à en faire autant. (Vive adhésion.)

Messieurs, je suis encore ici, et cela grâce à la bienveillance personnelle de M. Péreire, comme un des représentants de la presse. A ce titre, laissez-moi vous remercier au nom de tous mes confrères. Oui, vous avez eu raison d'associer la presse à toutes les bonnes paroles que vous dites ici, — à tout ce que vous y faites de grand. La presse c'est le chemin de fer de la pensée; c'est l'épanouissement, le rayonnement de la parole. Elle ne connaît pas de frontières et elle va porter à des millions de lecteurs le récit des actes merveilleux que vous avez accomplis en si peu de temps, et celui de vos utiles projets. Ce sera là un des mille bienfaits qu'elle accomplit chaque jour.

Je sais bien qu'elle n'est peut-être pas très en honneur partout en cet instant; mais j'espère que, grâce à l'esprit libéral de cet homme de génie qui s'appelle l'Empereur, elle reprendra le dessus, — entendons-nous, le dessus pour le bon, pour le bien, pour le grand. C'est alors qu'elle pourra s'associer encore plus intimement avec vous et vous aider avec plus d'autorité à fonder à Saint-Nazaire le Liverpool de la France.

Messieurs, à la Compagnie Transatlantique, à la ville de Nantes et à celle de Saint-Nazaire!

Tout ce discours, prononcé avec une verve et un entrain remarquables, que nous ne saurions rendre ici, a été accompagné et suivi de nombreuses marques d'adhésion.

Le banquet s'est terminé vers quatre heures, et la

plupart des convives de Saint-Nazaire ont accompagné jusqu'à la gare leurs invités, qui sont montés en wagons pour revenir soit à Nantes, soit à Paris, emportant de toute cette série de fêtes le meilleur souvenir et la plus ferme espérance dans les destinées de Saint-Nazaire et de la grande ville commerciale que son port alimente.

www.ingramcontent.com/pod-product-compliance
Ingram Content Group UK Ltd.
Pitfield, Milton Keynes, MK11 3LW, UK
UKHW020424230726
13925UKWH00004B/1595